AMO ANDARE ALL'ASILO
I LOVE TO GO TO DAYCARE

Shelley Admont
Immagini a cura di Sonal Goyal e Sumit Sakhuja

www.sachildrensbooks.com
Copyright©2014 by Inna Nusinsky Shmuilov
innans@gmail.com

All rights reserved. No part of this book may be reproduced in any form or by any electronic or mechanical means, including information storage and retrieval systems, without written permission from the publisher or author, except in the case of a reviewer, who may quote brief passages embodied in critical articles or in a review.

Tutti i diritti sono riservati. Nessuna parte di questa pubblicazione può essere riprodotta, memorizzata in sistemi di recupero o trasmessa in qualsiasi forma o attraverso qualsiasi mezzo elettronico, meccanico, mediante fotocopiatura, registrazione o altro, senza l'autorizzazione del possessore del copyright.

First edition, 2016

Translated from English by Annalisa Langone
Traduzione dall'inglese a cura di Annalisa Langone

I Love to Go to Daycare (Italian English Bilingual Edition)/ Shelley Admont
ISBN: 978-1-77268-242-7 paperback
ISBN: 978-1-77268-631-9 hardcover
ISBN: 978-1-77268-241-0 eBook

Please note that the Italian and English versions of the story have been written to be as close as possible. However, in some cases they differ in order to accommodate nuances and fluidity of each language.

Although the author and the publisher have made every effort to ensure the accuracy and completeness of information contained in this book, we assume no responsibility for errors, inaccuracies, omission, inconsistency, or consequences from such information.

Per quelli che amo di più-S.A.
For those I love the most-S.A.

Jimmy era seduto sul suo letto mentre abbracciava il suo orsacchiotto preferito. Stava cercando di dormire, ma c'era qualcosa che lo preoccupava e lo teneva sveglio.

Jimmy was lying in his bed hugging his favorite teddy bear. He was really trying to sleep, but something bothered him and kept him wide awake.

Si alzò e andò a cercare i suoi genitori.

He rolled out of bed and went to look for his parents.

Giù in salotto, la mamma e il papà stavano guardando la TV. Tenendo in mano il suo orsacchiotto, Jimmy si sedette sulle ginocchia della mamma e disse: "Mamma, non riesco a dormire".

Down in the living room, his mom and dad were watching TV. Holding his teddy, Jimmy sat on Mom's lap. "Mommy, I can't sleep," he said.

La mamma gli scompigliò i capelli e gli diede un bacio. "A che cosa stai pensando?"

Mom ruffled his hair and gave him a kiss. "What are you thinking about?"

"Sto pensando all'asilo", sussurrò e abbracciò forte la mamma.

"I'm thinking about daycare," he whispered and hugged Mom tightly.

"Oh, tesoro, l'asilo è così divertente!", disse la mamma.

"Oh, sweetie, daycare is so fun!" said Mom.

"Lì incontrerai tanti nuovi amici", aggiunse il papà. "È così divertente che andrei anch'io!"

"You'll meet new friends there," added Dad. "In fact, it's so much fun that I wish I could go, too!"

"Posso rimanere a casa con te?", chiese Jimmy. Appoggiò la testa sulla spalla della mamma.

"Can I stay at home with you?" asked Jimmy. His head fell on Mom's shoulder.

La mamma gli accarezzò la testa, lo guardò intensamente negli occhi e disse: "Cosa ne pensi di questo, dato che è il tuo primo giorno d'asilo, rimarrai lì solo due ore. Poi ti verrò a prendere e torneremo a casa. Ma sono sicura che ti divertirai così tanto che non vorrai andar via."

Mom stroked his head, looking deeply into his eyes. "How about this," she said. "Since it's your first day in daycare, you'll only stay there for two hours. After that, I'll come back to take you home. But I'm sure that you'll have so much fun that you won't even want to leave."

"*Vuoi sapere una cosa?*", disse il papà. "*Puoi portare con te anche il tuo orsacchiotto. Cosa ne pensi, campione?*", Jimmy annuì.

"You know what?" said Dad. "You can even take your teddy bear with you. Does that sound good?" Jimmy nodded.

"Oh, sei così grande e intelligente", disse la mamma dandogli un bacio sulla fronte. "Sicuramente sei stanco. Andiamo a dormire".

"Oh, you're such a big and smart boy," said Mom, kissing his forehead. "I'm sure you're tired. Let's go to bed."

Portò Jimmy nella sua cameretta e gli rimboccò le coperte. Gli diede il bacio della buonanotte e nell'orecchio gli sussurrò: "Ti voglio bene, tesoro".

She led Jimmy to his room and tucked him in. Then, she gave him a goodnight kiss and whispered in his ear, "I love you, sweetie."

"Ti voglio bene anch'io, mamma", disse Jimmy. Sbadigliando, abbracciò il suo orsacchiotto e chiuse gli occhi.

"I love you too, Mom," said Jimmy. With a big yawn, he hugged his teddy bear and closed his eyes.

Jimmy si era quasi addormentato quando udì una strana voce: "Ehi, Jimmy!"

Jimmy was almost asleep when he heard a strange voice. "Hey, Jimmy!"

Aprì gli occhi, si guardò intorno e mormorò: "Chi è che parla?".

He opened his eyes, looking around. "Who's talking?" murmured Jimmy.

"Sono io, il tuo orsacchiotto!"

"It's me, your teddy bear!"

Jimmy stupito guardò verso il basso. L'orsacchiotto mosse la sua mano e sorrise. "Ho notato che sei turbato", disse l'orsacchiotto.

Astonished, Jimmy looked down. The teddy bear waved his hand and smiled. "I saw you were upset," said the teddy bear.

Jimmy sospirò profondamente e mormorò: "Sì, domani andrò all'asilo".
Jimmy sighed deeply. "Yes, I'm going to daycare tomorrow," he mumbled.

"Jimmy, io verrò con te!" L'orsacchiotto gli fece l'occhiolino e un gran bel sorriso. "Io sarò lì a guardarti e ci divertiremo molto insieme".
"Jimmy, my friend, but I'm going with you!" The teddy bear winked at Jimmy and gave him his big teddy-bear smile. "I'll watch you there, and we'll have a great time together."

Jimmy lo guardò saltando e battendo le mani e scoppiò a ridere.
Jimmy looked at him jumping and clapping and burst out laughing.

"Shhhh," sussurrò l'orsacchiotto. Indicò i due fratelli più grandi di Jimmy mentre dormivano nei loro letti.
"Shhhh," whispered the teddy bear. He pointed to Jimmy's two older brothers, who were sleeping in their beds.

Saltò tra le braccia di Jimmy e lo abbracciò. "Buonanotte, amico mio!"

He jumped into Jimmy's arms and cuddled him close. "Goodnight, my friend!"

La mattina successiva i due fratelli più grandi saltarono giù dal letto e andarono verso Jimmy.

The next morning his two older brothers jumped out of bed and walked over to Jimmy.

"Oggi è il tuo primo giorno di asilo. Sei così fortunato", disse il fratello maggiore.

"Today is your first day in daycare. You are so lucky," said his oldest brother.

Jimmy era emozionato ma anche un po' preoccupato. "Oggi andrò solo per due ore", sussurrò. "È troppo tempo?"

Jimmy was excited but a little bit worried. "I'm only going for two hours today," he murmured. "Is it a long time?"

"Non proprio", disse il fratello maggiore. "Perché non rimanere anche per un pisolino", aggiunse il fratello più grande.

"Not really," said the oldest brother.
"You won't even stay for a nap," added the middle brother.

Durante la colazione Jimmy era molto tranquillo. "Sei pronto per andare, Jimmy?", chiese la mamma, dopo aver tolto il suo piatto.

During breakfast Jimmy was very quiet. "Are you ready to go, Jimmy?" Mom asked, after he cleared his plate.

"Credo di sì", rispose guardando in basso verso il suo orsacchiotto, il quale gli fece un bel sorriso e Jimmy si sentì molto meglio.

"I guess," he answered looking down at his teddy bear. The teddy bear gave him a big smile and Jimmy felt much better.

Prese il suo orsacchiotto in una mano e la mamma nell'altra e si avviarono.

He took his teddy bear in one hand and Mommy's hand in the other and they set out.

"Ti piacerà, tesoro", disse la mamma mentre camminavano. "Torno tra due ore, subito dopo l'ora della merenda".

"You'll like it, honey," said Mom while they were walking. "And I'll be back in two hours, right after snack time."

"Lo so mamma. Sono tranquillo. Ho il mio orsacchiotto con me", Jimmy fece l'occhiolino al suo orsacchiotto.

"I know, Mommy. I'm fine. I have my teddy bear with me." Jimmy winked at his bear.

"Sono così orgogliosa di te, ragazzo mio", disse la mamma avvicinandosi verso la porta dell'asilo.

"I'm so proud of you, my big boy," said Mom as the pair walked up to the daycare's door.

La mamma bussò due volte e arrivò alla porta una signora.
Mom knocked twice, and a lady appeared at the door.

"Ciao, Jimmy", disse la signora. "Ti stavamo aspettando. Entra!"
"Hello, Jimmy," the lady said. "We have been waiting for you. Come on in!"

"Come fa a conoscermi?", Jimmy sussurrò alla sua mamma.
"How does she know me?" Jimmy whispered to his mom.

La mamma sorrise. "L'ho chiamata prima e le ho detto che stavamo arrivando."
Mom smiled. "I called her before and told her we were coming."

C'erano tanti coniglietti. Alcuni di loro stavano giocando con le macchinine e altri giocavano con le bambole.
There were a lot of other kids there. Some of them were playing with cars, and others were playing with dolls.

"Andiamo a divertirci. Vieni, Jimmy!", disse l'orsacchiotto. Sorridendo, Jimmy si girò verso la mamma.

"Let's go have some fun. Come on, Jimmy!" the teddy bear said. Smiling, Jimmy turned to Mom.

"Vai a divertirti, tesoro", disse. "Verrò a prenderti subito dopo l'ora della merenda".

"Go have fun, sweetie," she said. "I'll pick you up right after snack time."

"Mi ricordo. Ciao, mamma!" Jimmy urlò correndo a giocare con un grande camion.

"I remember. Bye, Mom!" Jimmy yelled as he ran to play with a large truck.

Dopo due ore, la mamma tornò all'asilo per prendere Jimmy. Le corse incontro e le diede un grande abbraccio.

After two hours, Mom came back to the daycare to pick up Jimmy. He ran to meet her and gave her a huge hug.

"Mamma, è stato così divertente!", urlò. "Ho giocato con un camion grande e poi ho dipinto un fiore per te, tutto da solo!"

"Mom, it was so much fun!" he shouted. "I played with a large truck, and then I painted a flower for you all by myself!"

La mamma sorrise felice. "È bellissimo. Cos'altro hai fatto oggi?"

Mom smiled happily. "It's so beautiful. What else did you do today?"

"La maestra ci ha letto un libro e poi abbiamo fatto merenda. Era così appetitosa", disse Jimmy d'un fiato, rimbalzando vicino alla mamma.
"The teacher read us a book, and after that we ate a snack," Jimmy said in one breath, bouncing near Mom.

"Posso rimanere di più domani?
Ti prego, mamma!"
"Can I stay for longer tomorrow?
Please, Mom!"

Il giorno successivo, rimase più a lungo. Il giorno dopo, ancora di più.

The next day, he stayed longer. The day after that he stayed even longer.

Ora, Jimmy rimane tutto il giorno all'asilo a divertirsi! Ama giocare e dipingere, ascoltare storie e mangiare.

Now, Jimmy spends the whole day in daycare having lots of fun! He loves to play games and paint, to hear stories and eat.

È felice anche quando arriva l'ora del pisolino, così può riposare un po'.

He is also happy when naptime comes, so he can rest a little bit.

A volte Jimmy non porta con sé il suo orsacchiotto,

Sometimes Jimmy doesn't bring teddy bear with him,

ma quando torna a casa dall'asilo, gli racconta tutto della sua giornata.
but when he comes back home from daycare, Jimmy tells him all about his day.

www.ingramcontent.com/pod-product-compliance
Lightning Source LLC
Chambersburg PA
CBHW051306110526
44589CB00025B/2949